AF276747

Que se detengan en ti
mis ojos para siempre

Javier Pérez Walias

Que se detengan en ti mis ojos para siempre

Ediciones Trea

Primera edición: febrero de 2026

© Javier Pérez Walias, 2026

Motivo de cubierta: Javier Roz: *Obertura II* (detalle), 2023

© de esta edición:
Ediciones Trea, S.L.
C/ Gran Capitán, 52
33213 La Calzada. Gijón (Asturias)
Tel.: 985.303.801. Fax: 985.303.712
trea@trea.es | www.trea.es

Dirección editorial: Álvaro Díaz Huici
Producción: Patricia Laxague Jordán
Dibujo de colofón: Javier del Río

Depósito legal: AS 00081-2026
ISBN: 979-13-87790-54-7

Impreso en España – *Printed in Spain*

Todo es bosque en la vida, y laberinto.

ANTONIO COLINAS

I

A limine / In fine

Cuando camino por la orilla
enrollada del río
—a vueltas
con mis cosas—
te busco hasta debajo de las piedras
y aún hoy
te toco
como se toca al ángel transparente
de los peces.
Pareciera que regresé de muy lejos
para redimirme
de esta sensación
de oquedad.
Y aún hoy, hundo mis manos
en la hondura
líquida de tu carne
y mi rostro siente otra vez el reflejo
de la vida
como si de nuevo tu boca acercara
—refrescante—
un puñado de nieve
que se abre derretida a mis labios.
Luego, miro mis pies desnudos

—como raíces blancas— junto a la orilla
y se los ofrezco
a los peces.

Tan vulnerables.

II

Aunque se cieguen las estrellas

INMERSIÓN EN EL PAISAJE

[Garganta de La Puria, El Torno]

Si me paro
frente al agua cantarina que corre,
que sea para mirar
cómo salta de piedra
en piedra
y cómo, enseguida, cae redentora,
—otra vez— redonda
a la sima de lo hondo
y me salva.

Me reconozco
inmerso en ella, ungido por sus minerales
y su maternal
ternura.

El agua pasa así su respiración de oxígeno
y su caricia
a mis pensamientos.

El bosque de alisos se cimbrea grácil en cada orilla
y la lluvia se acuna

en los bancales
para detenerse un instante —ante mí—
en la falda
            tableada
de la sierra.

Se trocea la corriente
en vértigo, se contonea en espuma. En abismo
desciende
y desde su quietud de ceniza líquida
lentamente expande sus alas.

Me acompaña,
me habla despacio
con el susurro dorado del alma
de un enjambre
dulce.

El sonido
que se derrama
con cierta violencia dentro de mí
no me inquieta,
más bien, sublima en mi interior
la honda paz del sitio.

El agua sin fisuras, con sus vidrios diminutos,

con sus poros abiertos y encendidos,
ya almidonados,
ya dispuestos a germinar,
ya flotando en el aire de la tarde
—el agua
fría—
anida el cielo.

En este lugar respira libre mi existencia. En este lugar
se aleja de mí
cuánta
incertidumbre.

Los años lindan al norte con el salitre
de un mar
intenso
y en oscura
zozobra;
al sur, con la esperanza —aún esquiva—
de las aguas
profundas
no nombradas
todavía.

CELEBRACIÓN Y VUELO / I

Aún
te pienso con esa claridad
tan tuya
que todo lo inunda,
con esa luz que resbala —puntual— desde lo más alto
y que desde el cielo, a media mañana,
prende en mí
con toda su bondad.

Aún
recuerdo haber leído
con avidez casi todos tus versos,
haber tocado a contraluz
todos los colores
de tus paisajes desnudos, nacarados, amanecidos
                              [—hirientes ya de belleza—,
en tantos momentos
luminosos.

Recuerdo tu rostro,
tu desesperanza, a veces, y tu mirada perdida, anclada
a lo lejos.

Con asombro recuerdo
algunos enseres que han envejecido
por el fragor del invierno y los años. Diría incluso que
[ahora
el pensamiento y los sueños
se me agolpan.

Recuerdo la redondez del agua en la planicie abierta
de tu mano
para refrescarme el rostro
y el gorjeo cristalino
de un verderón alborozado
en torno
a ti.

CELEBRACIÓN Y VUELO / II

En estas tardes de paseos tranquilos
me acompaña el revolotear
de la vida.
Abiertas las alas
en el espacio abierto del cielo
—a lo Fray Luis— sereno por la dicha de la calma
o por el tacto reverdecido
de tu voz.

Recuerdo esa misma armonía, la de los astros callados
en la noche,
en los tejados de los pajares viejos
de maderas carcomidas
y en las casas viejas
de los pueblos
y en las sacas de lana,
y recuerdo la luz tenue dejándose caer
suave,
tamizada,
sedosa
como el agua —mansamente—.

Recuerdo el horizonte
pleno de plenitud, plenos de alegría los dos
abrazados
en nuestra deriva
de existir.

Por todo ello
te debo la conciencia de saber de la hermosura
del lirio
que aún hoy sucede
y que desde hace tanto
guardo
como un don,
como un presente bendecido,
en mi libro
de horas.

CELEBRACIÓN Y VUELO / III

¿Y tú no lo recuerdas?

Fue en un atardecer de finales de marzo
durante la celebración de alguno de tus libros.

Cómo no recordar
aquel silencio primero, íntimo, nuestro,
de melancolía casi mística
entre verso
y verso.

Cómo no recordar esa claridad tan tuya
en tu rostro.

La vieja honda
del tiempo que gira y gira y gira sin pausa —me decías—
siempre reclama
su piedra, su canto rodado, su rayo de sol
o su espuma de ceniza
a la memoria.

En cada madrugada —me decías—, encontrarás una razón
que te redima y te saque

de la tristeza de la noche anterior y del invierno y de
                              [*los días imposibles*
que vendrán.

Y esa razón —me decías— te mantendrá en vilo.

Te recuerdo en aquel lugar de piedra
solemne como un manantial de sueños y allí, apartado
                                        [a un lado
en un rincón
me recuerdo a mí mismo
esperando escuchar una vez más tu voz rota,
quebrado tu aliento,
para tejer con ella un nuevo poema
a mi esperanza.

CASTAÑOS DEL TEMBLAR

[Ascenso luminoso I, Segura de Toro]

El cielo es un timbal de oro en la mañana.

Siento mi gravidez
al tomar el sendero que se levanta y me lleva
hacia la umbría
del bosque.

Abro portillas, cancelas, lindes azules
entre las hojas. Abro los ojos, el pensamiento todo
hacia la luz cristalina
del riachuelo. Hacia el cielo, como si las nubes
quisieran desgajarse
naranjas,
líquidas bajo el sol.

Hacia el cielo a esta hora
de luz imprecisa.

Desde aquí, desde donde sangran dorados
los erizos del otoño
con su dolor

de fruto en las espinas,
desde aquí, donde el canto
del pájaro
suena a otro canto aún lejano,
me inclino
para sentirme por dentro, para sentirme cerca
de ti en el paisaje, para tocar
el agua limpia de la sierra
o el fuego del sol en tu vientre o la sombra
que ahora
ocupa mi cuerpo.

Al amparo de la belleza, en el silencio del bosque
me estremezco y tiemblo
bajo las arcadas centenarias de estos árboles,
bajo la dócil penumbra amarilla
de tus ojos.

Me estremezco y tiemblo.

Ascendí hasta la cumbre
con la esperanza del que espera
que se demoren las horas —al menos por unos instantes—
para tomarle el pulso
a la vida
y sentir que la vida todavía late incandescente

en la corteza inabarcable
de estos seres.

Mas nunca por vivir
eternamente.

LAS NOGALEDAS

[Ascenso luminoso II, Navaconcejo]

El río se vuelca
y de repente nos vemos caminando hacia lo alto,
hacia el cielo
azul del agua sumergidos
en la garganta verde
del bosque.

El aire baja revoloteando
ladera abajo como un junco o un pájaro
agitado
en caída libre,
en picado que entra y sale
del interior de mis ojos —a un tiempo—
y se eleva.

Es hermosa la espuma suave de los chopos
reflejada —blanca— en el espejo
del vidrio
quebradizo
y quieto.

En medio del cansancio,
el esfuerzo reconforta el espíritu.

El agua brinca y se despeña ante nuestra mirada
y vuelve
hasta nosotros
como una finísima gasa de frescura,
de esferas infinitas, brillantes,
transparentes.

En su hermosa quietud
—de ceniza y obsidiana—, un lagarto inmóvil
sestea junto a la trocha. Se deja acariciar
por nuestros ojos.

Bendito mimetismo este
de la infancia.

Pronto, se levanta un aire fresco
en este lado de la sierra. El viento desciende
al trote
como un potro
y el largo instante, ya encanecido, se marcha desbocado
y —lentamente— se va
desvaneciendo.

Entre las cumbres de abril, aún de cromo y nieve, y el
[púrpura

del cielo a medio
atardecer,
a mis soledades voy, / de mis soledades
vengo [.]

EN EL DESIERTO DE SAN BERNABÉ
HAY UN BOSQUE VERDE

[Ascenso luminoso III, Casas del Castañar]

La mañana amaneció gris, algo desapacible,
con una pátina de cúmulos, entre hermosa y granítica,
amenazantes con levedad
los rayos del sol
y con finísima lluvia —a ratos—.
Aunque la luz era escasa, caía
limpia como un peso sobre mis ojos,
sobre mis párpados,
sobre mi espíritu y mi pensamiento.
Emprendimos
a buen paso y respirando
con hondura
el camino.
Era el hallazgo violeta de las flores
entre los robles,
era el amarillo de los membrillos
entre el verdín del musgo en los canchales
y el exuberante trinar de los pájaros
en las últimas
ramas

meciéndose en mis oídos
como una eterna sinfonía de sentimientos encontrados
entre reconocibles
y ausentes.
Era el sinsentido feliz que en ocasiones
nos trae el vivir.
Era una mañana fresca de marzo
—casi de otoñal primavera— desangrándose
en canal
entre claros y nubes
y el aire agreste del monte
que percute el rostro.
Despacio hicimos el trayecto —fraternal— que va
desde las casas y los castaños hasta el mirador: un oasis

[verde

en pleno desierto verde de San Bernabé.

Este es un lugar agradable. Aquí se respira hondo. Existir
es una tentación incesante.

III

Aunque la casa se quede vacía

PRESENTE HISTÓRICO

La casa, a día de hoy, es una jaula de música
en el horizonte de los sueños.

El señuelo azul de un tiempo
pasado por agua de lluvia que ilumina la cocina
y los rincones.

Pareciera que ahora me visita
—de nuevo— la nostalgia
y que la nostalgia entra a raudales en mí por una ventana
                                                    [abierta
de par en par. Pareciera
que la tristeza
se detiene ante mí y me mira fijamente
con los ojos vaciados
—enmudecidos—
de aquel animal
ya
sin vida.

PÁJARO PEQUEÑO

Un verderón con apenas aire en sus alas
construyó el nido en el alero de casa.

Cada día, bebió el agua de lluvia
del cubil
de un molino de mano
allí caída.

Sin apenas fortaleza, cada despertar
alzaba el vuelo
y se perdía tras la linde y los espinos en el silencio oculto
de la luz.

A su regreso, cada atardecer, me regalaba su trinar
más íntimo,
el último.

El agua de lluvia caída en el cubil de piedra
—parecía decirme—
es blanda y transparente, semejante
al alma
de algunos hombres.

Vivir es un hallazgo. Morir, su dádiva irrenunciable,
quizás la más hermosa de las dádivas
después de haber vivido.

NATURALEZA MUERTA

¿Cómo no congraciarme con el mundo
en este instante en que reverdece tan sutil un rayo de luz
mientras una hoja cae
al manto
y su balanceo suave
me conmueve?

El corazón se aprieta
y el pensamiento, que se mece con la hoja —todavía—
                                        [suspendida
en el aire,
se detiene y se aviene.

Yo,
como las hojas del robledal de fondo,
desciendo
hacia la hondura
del valle
y —lentamente—
persevero
en mi pertinaz
caída.

JAULA VACIADA

Echo de menos las lenguas de los gorriones,
los bizcochos
como besos dulces de pájaro
empapados en leche.
La casa era un lugar para los abrazos contenidos,
para los afectos.
Era la jaula —la casa en miniatura
con su portilla
abierta—
un camino de tierra infinita
y al fondo
el horizonte.
Echo de menos saber de tus viajes celestes
por aquel largo
pasillo.
Echo de menos saber de ti
cuando soy doblegado por el frío
de los témpanos,
cuando mis ojos son cegados por el azufre
que amarillea el tiempo
y las manos se encallecen y separan
el alambre
del alambre, el dolor

del dolor, el crujir de las alas —y aquellos abrazos—
de la ingravidez
de las alas,
cuando la sangre ya no vuelve de la misma forma
al camino infinito
ni al pasillo aquel ni al bosque
ni a las arterias.
El aire ha sido separado
del aire, la asfixia ha sido invadida
por la asfixia.

HE APRENDIDO ALGUNAS COSAS

He aprendido algunas cosas,
por ejemplo, que uno se maneja con lo que tiene:

el recuerdo de una jaula
acallada
por la muerte
o con jilguero,

el de un balcón con vértigo,

el de un muro con hiedra y caracoles
frente a la casa,

el de un membrillo cargado
de luciérnagas
amarillas,

el de un olivar que verdea —en mis ojos—
cada primavera
a lo lejos.

Lo sé.

Lo supe desde siempre.

RAMA DESPRENDIDA

Cuánta verdad de aire se respira
en cada rama
de este bosque, y en cada gavilla
de luz que las empuja hacia el cielo abierto
y las sostiene
en su ascensión
tan despacio, tan colmadas
de certeza.
¿Pero cómo no emocionarse ante la rama
desprendida, desgajada
del tronco comunal
  —casi vencida—?
¿Imaginas que no pudieras levantarte
—ni una vez más, tan solo una— para prenderte
a la nueva madrugada
tras la noche?
Es entonces cuando el sendero
empieza a esclarecerse
entre el horizonte y las nubes,
y un viento suave, salvador, caritativo
me respira por dentro.
Así he venido a dar en el silencio
hondo. Así he venido a encontrar mi silencio

en el silencio hueco
del tronco
de este árbol.
Por aquí retozaron los días luminosos
de unos cuerpos. ¿Cómo no contemplar con asombro
esa rama caída
del cielo
tan desnuda de azul
y tan hermosa?

JÚBILO MUY DE MAÑANA

Escampa la mañana sobre lo oscuro.
Con sus primeras luces, el día es un pájaro
aseado de colores,
un destello cierto de bondad,
con su luz teja, de cardelina y bosque
—de lluvia y nieve—,
de nubes en tenue retirada.

La mañana, con sus primeras luces,
es un árbol
cargado de acuosos
frutos.

Estoy aprendiendo contigo —después de tantos años—
a pronunciar palabras nuevas
como sigilo, gozo y templanza, por ejemplo.

Aprendimos juntos lo que es la calma, la soledad,
la paciencia, el desasosiego, la demora,
la tristeza
y —si me apuras—
aprendimos a contener la respiración

en los momentos
de felicidad.

Lo aprendimos despacio, como se aprenden
las cosas que son para siempre:
el recuerdo del primer balbuceo del hijo
—esto es—, o un gesto de amor hacia la condición natural
anterior a cualquier escritura
sobre nuestro cuerpo.

Entro y salgo
de las palabras verdaderas y de la casa
como entran y salen
de tu memoria y la mía y de nuestros ojos
la luz del cielo
o las formas azarosas
de las nubes
o el canto enmudecido
del úbano —cuyo trino verdea incansable—
en la retama.

A día de hoy, apenas siento en mis dedos
el sonido de la piedra al planear
saltando
sobre la piel
del agua,

y me pregunto
¿a qué se debe esta paz
si no es al júbilo de esta mañana vulnerable
que me precede
despacio
y al mismo tiempo parece eternizarse
en mí?,
¿a qué me debo —yo mismo—
si no es al callado susurro de estos versos
que me acompaña
como una sombra de claridad
y al viento calmado,
detenido
de estas horas?

LUGAR APACIBLE

[Jardín de los sentidos, Crevillente]

Nos adentramos en un jardín insólito
que sorprende al visitante
en medio de la nada.
El atardecer, con su luz aún rayada en el horizonte,
era un idilio verdadero
de púrpuras luciérnagas
y acantos florales.
Aun así —más allá de la singular
belleza—
la belleza
no habitaba en sus recogidos rincones
ni en sus apartadas estancias,
la belleza era la luz de la presencia cegadora
—cercana—
de los seres queridos.
En aquel lugar, olía al amarillo
de las hojas naranjas
y a los arrayanes.
La vida se procuraba un hueco,
se ovillaba mullida muy despacio en aquella arena suave
de las horas, con el oleaje

de las dunas
de fondo.
A veces, los seres queridos,
como el musgo en la umbría de los años
o en la base del tronco
de los robles, nos alumbran
el sendero de la vida cuando ya serpentea, dócil,
hacia el lamento abisal
de las aguas
y su rumor de arrastre.
Guardo —de esa tarde— un sentimiento
de quietud, de memoria familiar
y en la piel
un terso aroma a flores
de azahar
y té de rosas.

QUE NO SE DEMOREN LAS FLORES AMARILLAS

Irrumpe la estación más propicia un año más
y se esparce
como se esparce —si no tardas—
la frondosidad rotunda de tu cuerpo
o se ilumina
el pasillo.

El arce en la terraza, parsimonioso, rehúye el invernal sesteo
y la desnudez de sus ramas, casi leñosas,
se cubre de hojas encendidas
por el sol que acude puntual recién
estrenado.

Después,
se agostará el verano
y acudirá el otoño acallado en su reposo,
para, al final del ciclo,
despertar de nuevo.

Otro año más.

Y así, en la contemplación
de lo pequeño

trazo un surco y otro surco de vuelta
hacia la conciencia
de nosotros mismos con las palabras
que quedaron bajo el agua.

Y me recorro
por dentro una vez más, buscándome, ensimismado,
                                          [buscándole
el hilo
a lo inconsútil de la vida.

Me reconozco. Sí. Sorprendido, absorto.

Estoy aquí. Aquí estoy ante ti.

Y ahora pienso en lo que hemos sido, en lo que somos
y le pido a no sé quién —o a qué— que no se demoren
                                          [para ti
las flores amarillas de las retamas
la primavera próxima.

LA CASA SE QUEDA VACÍA

Abandonamos —no sin cierta pesadumbre—
el lugar al que pertenecimos. Ese lugar
que se hizo a nosotros
con el paso fungible
de las horas
y los días.
La vida fue siempre tránsito.
Así el agua
que baja entre las piedras
con su corriente encendida
nos tiende la mano
y al tiempo nos horada.
La mañana purifica el aire afuera y el planear ligero
—del milano—
se abre paso entre las nubes
en el vano azul
ante la sola respiración
de los recuerdos.
Abandonamos la casa y sus amarillos rincones (padres
e hijos) con lo vivido
casi.
Apaga la luz de la entrada cuando salgas
y echa la llave

con doble
vuelta.
Por si acaso.
Hazlo como el que echa el cierre
a los párpados
de unos ojos
apenas ya en vilo
poco antes de dormir
para siempre.
Si sigo por estos derroteros,
sentiré las limaduras del desaliento en todos mis costados
y el abrazo tan inhóspito
de la punzante melancolía.
Abandonamos, ya es seguro,
para siempre
y no sin cierta pesadumbre,
el lugar que se hizo a nosotros con el paso firme de los años.
Incapaces de mantener la calma.
Nos abandonan —nos abandonamos a nuestra suerte—
tantas cosas en las que creíamos.

IV

Aunque vivir no fuera una tentación

CONDICIONAL SIMPLE

Si se retiraran de pronto las mareas
y regresaran de improviso,
las aguas arrastrarían con violencia contenida
los troncos y las almas
de los árboles
muertos.
El mar entraría por todas las puertas
del bosque
con todos sus peces
en zozobra.
Y de pronto, como si el bosque
fuera un arca inundada de enseres vivos,
como si los cuerpos vararan
en un angar
de dunas y delfines,
como si el mar
fuera movido por un cardumen eterno de fuego y de
                                                [silencio,
se nos helaría el corazón
y el dolor con su azul de agallas mudas
no nos abandonaría
nunca.
Las mareas de brea y salitre van y vienen, vienen

y van, son como los malos pensamientos.
Si se retiraran de pronto las mareas
y regresaran de pronto con más fuerza,
arrastrarían los troncos de mi alma
y los troncos de las almas de los ángeles ahogados.
La eterna sombra anegaría nuestra casa
con la fuerza de un vendaval
de tristezas.

CATHEDRAL GROVE

[British Columbia]

Hemos llegado
tras recorrer kilómetros y kilómetros de aire puro y asfalto
hasta este lugar.
Hemos llegado hasta aquí
deseando escuchar el canto catedralicio
del bosque
al borde del océano.
En soledad, pacíficos entre sus árboles,
hemos caminado
unos minutos bajo las sombras
y los hemos apurado
como cualquier hombre que, sediento de luz,
contempla un frondoso atardecer
y sostiene
—pacientemente—
el frescor de un témpano glaciar entre sus manos
y espera
—pacientemente—
conjurar a tiempo el milagro
de la sed
o la belleza.

¿Por qué aquí, tan alejados, junto al abrigo
esmeralda del musgo
y los líquenes,
la piel
permanece viva y el frescor
del rocío nos emociona
aun sin luz
apenas?
¿Por qué detener
aquí nuestros ojos? ¿Por qué fijar
nuestra mirada en este lugar
si los brazos apenas pueden abrazar la grandeza
de estos seres? ¿Por qué
nos hemos detenido aquí, en este lugar,
si apenas podemos —en su inconmensurable belleza—
arrogarnos un solo resquicio
de su humanidad?

Dónde el alma de la tierra. Dónde,
si no, la raíz.

POEMA QUE VINO DEL FUTURO

[Playa de Los Urros de Liencres, Santander]

En unos días
visitaremos los cortantes volados del norte.

Allí, en las alas salpicadas de las piedras, tocando el cielo
escucharemos
cómo rompe la cadencia del agua,
cómo se despereza la espuma beligerante
del oleaje
y se despiertan los sueños
y sentiremos en nuestros rostros
la tersura líquida, azul
de un mar
abierto.

Luego, sobre la arena, bajo la noche amplia
extenderemos nuestras toallas
y seremos dos cuerpos
desnudos
a la deriva
y le pondremos nombres nuevos
a las estrellas

y las olas se acercarán mansas como reses
enjabonadas de escamas a conversar
con nosotros.

De noche
ya vencida sucederá. Sucede.

El mar y el firmamento serán
nuestros
—serenos los dos sobre la arena—
boca arriba,
bajo el prado de la concavidad celeste y los recuerdos.

Aunque no amanezca, aunque se cieguen
todas las estrellas para siempre en esta noche.
Aunque la casa se quede vacía,
alguien vendrá a buscarnos
y nos encontrará aquí, felices, frente al mar,
ya de madrugada
aún abrazados por la brisa.

AURELIO AGUSTÍN DE HIPONA

[Niño con cubo y pala jugando en la arena]

En muchos momentos,
como si yo mismo fuera el cauce
torrencial
del río
—desarbolado acaso
por la savia
de la sangre y su misterio de espuma—
pensé
en la inmensidad
azul
del mar
y en cómo vaciarlo.

AULLIDO

[*Aullido,* un libro de Allen Ginsberg]

Paso mis manos lentamente con suavidad sobre su
[corteza,
sobre su relieve rugoso. Mis huellas
impresas de líneas dactilares
sienten el pulso
de la madera antigua en el papel.
Siento su savia
y su fruto en mi carne.
Así acudo al encuentro del alma
dormida en el *aullido* de los árboles. Imploro dócil
y me postro ante tanta
naturaleza.
He dejado atrás el olor a resma de los días
con azufre. He dejado atrás,
en los lomos agujereados de los pliegos, la felicidad
—casi siempre
esquiva—
del crujir de las hojas
sobre la tierra y sus nombres.
Entre dos columnas rojas de sangre
o de fuego eterno

y los olores del otoño,
mi mano escucha el *aullido* ciego de un verso
limpio, de un verso nuevo,
mientras roto,
en otro lugar callado para siempre,
se apaga —gritando— el sol
de puro espanto.

LUMINARIA

La luz que entra por las ventanas sobrevuela alegre
nuestras sienes,
luego picotea despacio
las migas
de pan
que dejaron los años
sobre la vieja mesa
blanca.

Nuestra memoria flaquea a veces. Pero, a pesar de todo,
somos felices
como cuando no madrugábamos
porque éramos niños.

Con cada caída
del sol
se oculta aún más la luz plateada de la tarde en la chopera
y se recogen —casi para siempre—
los últimos recuerdos, los últimos insectos,
los últimos
pájaros.

LA CIUDAD DORMITA A LO LEJOS

[Desde la cumbre de El Pitolero, Valle del Jerte]

Aunque es tarde avanzada
y el viento sopla, me dirijo a la cumbre junto al cielo.
Desde la cima, contemplo a lo lejos la ciudad
que parece dormir
y me pregunto
qué fue
de aquellos años
amontonados como animales
en un vagón de mercancías, qué ha sido de los recuerdos
de aquellos que viajaron junto a mí
en aquel ferrobús
que ahora apenas traquetea
en mi memoria.

Después de la tormenta —dicen— siempre llega la calma
y se aclara el cielo. Incluso
para nosotros, niños ingenuos que dormíamos
con patucos de lana creyendo
espantar el frío.

Mas ahora miro desde la altura las casas
a pie del camino nuevo
y hay cadáveres de pájaros —muertos— que picotean
los tejados,
y hay huesos esparcidos
que alumbran con su aleteo quieto
la oscuridad.

Echada la tarde, atizados los rescoldos del día por la
                                   [badila del viento,
nos detenemos a contemplar
el hermoso final del atardecer. Me siento a esperar
como el que espera ese tren
que nunca
pasa, como el que, perdida
la esperanza, pide un trozo de papel y un lápiz aguzado
para escribir
el camino de vuelta.
Fueron los años de la infancia eterna.
Ahora me duele esta tarde
agonizante.

POEMA PARA UN LUGAR MINIMALISTA / I

Amar es una huida hacia adelante, masticando despacio
[el silencio
con las encías desnudas. Amar es una huida
hacia donde sabemos
que —tal vez— no nos espera
nadie.

POEMA PARA UN LUGAR MINIMALISTA / II

Regresemos, pues, tiznados de luz, necesitados de claridad,
al oscuro paraíso
de lo invisible.

POEMA PARA UN LUGAR MINIMALISTA / III

Solo nos queda reclinar nuestra testuz, aguardar a que la
                                        [generosa vecindad
de la sombra y la vida del bosque y su laberinto
obren
—una vez más— el milagro de la dicha
o de otro día
próspero.

POEMA PARA UN LUGAR MINIMALISTA / IV

Las vides, ocres en las doradas laderas del río y del invierno,
se retuercen
sobre la piel pedregosa
de los bancales.

Así la vida.

POEMA PARA UN LUGAR MINIMALISTA / V

Que el amor inflamado
de los huesos
nos eleve
al fin.

V

In fine / A limine

Un hombre fue feliz aquí
acodado
bajo esta sombra
tuya.

Junto a la corriente dormida
en el remanso
respiro
y crezco.

Sobre mi cuello
un collar de juncos,
un grillete plateado de escamas y córneas
—ciegas como pájaros—
de peces.

Claras y mansas las aguas
—al fin—
me sumergen.

Índice

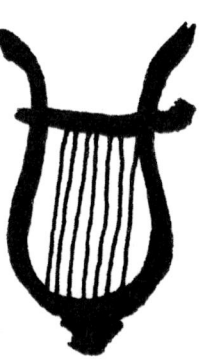